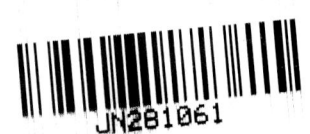

井上ひさしの

子どもにつたえる日本国憲法

絵 いわさきちひろ

講談社

はじめに

いまでは信じられないことですが、昭和二〇（一九四五）年の日本人男性の平《へい》均寿命《きんじゅみょう》は、たしか二三・九歳でした。戦地では兵士たちが戦って死ぬ（あとでわかったのですが、戦死者の三分の二が餓死《がし》でした）、内地では空襲《くうしゅう》で焼かれて死ぬ、病気になれば薬がないので助かる命が助からぬ、栄養不足の母親を持った幼児たちは栄養失調で死ぬ。そこで大勢が若死《わかじ》にしたのです。女性の平均寿命も、三七・五歳だったはずです。

そんな時代ですから、私たち国民学校生徒も先生たちから、「きみたちも長くは生きられないだろう」と言い聞かされていました。「兵士となって戦地へ行くのか、防衛戦士として本土で戦うのか、それはわからないが、とにかく二十歳《はたち》前後というのが、きみたちの寿命だ」。

ところがあの八月一五日を境《さかい》に、なにもかも変わった。「きみたちは三〇、四〇まで生きていいのです」というのですから、頭の上から重石《おもし》がとれたようで、しばらく呆《ぼう》としていました。この状態を大人たちは「解放感」というコトバで言いあらわしておりましたが。

その呆とした気持ちがシャンとなったのは、敗戦の翌年、日本国憲法《にほんこくけんぽう》が公布されたときです。「きみたちは長くは生きられまい」と悲しそうにしていた先生が、

こんどはとても朗《ほが》らかな口調で「これから先の生きていく目安《めやす》が、すべてこの百と三つの条文に書いてあります」とおっしゃった。とりわけ、日本はもう二度と戦争で自分の言い分を通すことはしないという覚悟《かくご》に、体がふるえてきました。

二度と武器では戦わない。――これは途方《とほう》もない生き方ではないか。勇気のいる生き方ではないか。日本刀をかざして敵陣《てきじん》へ斬《き》り込《こ》むより、もっとずっと雄々《おお》しい生き方ではないか。度胸もいるし、智恵もいるし、とてもむずかしい生き方ではないか。そのころの私たちは、ほとんどの剣豪伝《けんごうでん》を諳《そら》んじていましたが、武芸の名人達人たちがいつもきまって山中に隠れたり政治を志したりする理由が、これでわかったと思いました。剣より強いものがあって、それは戦わずに生きること。このことを剣豪たちはその生涯の後半で知るが、いま、私たちはそれと同じ境地に立っている。なんて誇《ほこ》らしくて、いい気分だろう。

　この子どものときの誇らしくていい気分を、なんとかしていまの子どもたちにも分けてあげたいと思って、私はこの本を手がけました。

井上ひさし

目次

絵本 憲法のこころ

日本国憲法《にほんこくけんぽう》のなかでも、
「これだけは読んでおいてほしい」
と思う、前文と第九条を、
小学生にも読めるようにやさしくしてみました。
いわさきちひろさんの絵が加わると、
なんだか詩の絵本のような
感じがするからふしぎです。
ひろげて眺《なが》めて、
憲法のいちばん大事なところを、
つかんでいただけたらうれしいです。

この国《くに》のかたち（前文《ぜんぶん》）

国民《こくみん》がみな、ひとつところに集《あつ》まって
話《はな》し合《あ》うことはできないし
たとえできたとしても
やかましくてなにがなんだかわからなくなるだろう

そこで私《わたし》たち国民《こくみん》は
決《き》められたやり方《かた》で「代《か》わりの人《ひと》」を選《えら》び
その人《ひと》たちを国会《こっかい》に送《おく》って
どうすれば私《わたし》たちの未来《みらい》が
よりよいものになるか
それをよく話《はな》し合《あ》ってもらうことにした

私《わたし》たちが、同《おな》じ願《ねが》いをもつ
世界《せかい》のほかの国国《くにぐに》の人《ひと》たちと
心《こころ》をつくして話《はな》し合《あ》い
そして力《ちから》を合《あ》わせるなら
かならず戦《いくさ》はいらなくなる

tun.

私《わたし》たちはそのようにかたく
覚悟《かくご》を決《き》めたのだ

今度《こんど》の戦《いくさ》で
つらく悲《かな》しくみじめな目《め》にあった私《わたし》たちは
子《こ》どもや孫《まご》たちと
のびのびとおだやかに生《い》きることが
ほかのなによりも
大切《たいせつ》であると信《しん》じるようになった

そこで私《わたし》たちは
代《か》わりに国会《こっかい》へ送《おく》った人《ひと》たちに
二度《にど》と戦《いくさ》をしないようにと
しっかりとことづけることにした

この国《くに》の生《い》き方《かた》を決《き》める力《ちから》は
私《わたし》たち国民《こくみん》だけにある

そのことをいま
世界《せかい》に向《む》けてはっきりと言《い》い
この国《くに》の大切《たいせつ》なかたちを
憲法《けんぽう》にまとめることにする

私《わたし》たちは代《か》わりの人《ひと》たちに
国《くに》を治《おさ》めさせることにした

その人《ひと》たちに力《ちから》があるのは
私《わたし》たちが任《まか》せたからであり
その人《ひと》たちがつくりだした値打《ねう》ちは
私《わたし》たちのものである

これは世界《せかい》のどこもそうであって
この憲法《けんぽう》もその考《かんが》えをもとにしている
私《わたし》たちは、この原則《げんそく》に合《あ》わないものは
なんであれ、はねのけることに決《き》めた

私《わたし》たちは、世界《せかい》の人《ひと》たちがみな
こわがったり飢《う》えたりせずに
ただおだやかな生《い》き方《かた》をしたいと
願《ねが》うのは
当《あ》たり前《まえ》だということを

いま一度《いちど》
自分《じぶん》に言《い》い聞《き》かせ
どんなことがあっても
そのじゃまをしてはならないと
たしかに決《き》めた

自分《じぶん》たちのためになることばかり言《い》い立《た》てて
ほかの国《くに》をないがしろにしてはならない

これはいつどんなときでも
守《まも》らなければならない決《き》まりごとである

この決《き》まりごとを私《わたし》たちもきびしく守《まも》って
日本国《にほんこく》のことは、国民《こくみん》である私《わたし》たちが決《き》め
ほかの国国《くにぐに》の主人《しゅじん》になろうとしたり
家来《けらい》になろうとしたりせずに
どこの人《ひと》たちとも同《おな》じ態度《たいど》でつきあうことを誓《ちか》う
どんな国《くに》でもそうしなければならないと
信《しん》じるからだ

日本国民《にほんこくみん》は
これから築《きず》きあげようとする
私《わたし》たちの国《くに》のほまれのために
ありたけの力《ちから》を振《ふ》りしぼって
これまでに書《か》いたことを
やりとげる決心《けっしん》である

もう二度《にど》と戦《いくさ》はしない（第《だい》九条《じょう》）

私《わたし》たちは、人間《にんげん》らしい生《い》き方《かた》を尊《とうと》ぶという
まことの世界《せかい》をまごころから願《ねが》っている
人間《にんげん》らしく生《い》きるための決《き》まりを大切《たいせつ》にする
おだやかな世界《せかい》を
まっすぐに願《ねが》っている

だから私《わたし》たちは
どんなもめごとが起《お》こっても
これまでのように、軍隊《ぐんたい》や武器《ぶき》の力《ちから》で
かたづけてしまうやり方《かた》は選《えら》ばない

殺《ころ》したり殺《ころ》されたりするのは
人間《にんげん》らしい生《い》き方《かた》だとは考《かんが》えられないからだ

どんな国《くに》も自分《じぶん》を守《まも》るために
軍隊《ぐんたい》を持《も》つことができる

けれども私《わたし》たちは
人間《にんげん》としての勇気《ゆうき》をふるいおこして
この国《くに》がつづくかぎり
その立場《たちば》を捨《す》てることにした

どんなものごとも
筋道《すじみち》をたどってよく考《かんが》えて
ことばの力《ちから》をつくせば
かならずしずまると信《しん》じるからである

よく考《かんが》えぬかれたことばこそ
私《わたし》たちのほんとうの力《ちから》なのだ

そのために、私《わたし》たちは戦《いくさ》をする力《ちから》を
持《も》たないことにする
また、国《くに》は戦《たたか》うことができるという立場《たちば》も
みとめないことにした

お話

憲法って、つまりこういうこと

日本国憲法《にほんこくけんぽう》をやさしく説明するのは、
なかなかむずかしいものです。
この章は、私がじっさいに、
「朝日小学生新聞」の読者の子どもたちに
話した内容をもとにしています。
私は憲法の専門家ではありませんが、
憲法の考え方や、条文の内容について、
これだけは伝えたいと思うことを、
できるかぎりわかりやすく
話したつもりです。

1 憲法ってなんだろう

作家、司馬遼太郎《しばりょうたろう》さんのエッセイに、
『この国のかたち』というのがあります。
ご本人におたずねする機会はありませんでしたが、
私には、この表題が、憲法をさしているように思えます。
「憲」も「法」も「きまり」という意味ですから、文字から考えれば
「憲法」とは〈きまりのなかのきまり〉、ということになります。
けれど、私が憲法のことをいろいろ考えてきてわかったのは、
「憲法」は〈この国のかたち〉である、
と思うのがいちばんぴったりくる、ということです。
憲法は、その国の大もとをきめています。
その大もとにそって、さまざまな法律がつくられ、
細かいルールがきめられていくわけです。
そういうルールがあつまって、やさしい国ができあがったり、
けんかが好きな国ができあがったりします。
憲法が、その国の性格をきめてしまうんですね。
笑い話があります。
じつは、私の前歯は入れ歯なんですね。

入れ歯を入れるとき、かかりつけの歯医者さんに、
「私は生まれつきの出っ歯で、ずっと恥《は》ずかしい思いをしてきました。
せっかくですから、ふつうの歯を入れてください」
とお願いしますと、答えはこうでした。
「それはできません。その歯は、井上さんの基本的な顔のかたちです。
あなたはその歯でつらい思いをして、そしてそれを乗りこえたことで、
いまのあなたのこっけいな作風ができたのです。
その歯型を変えると、あなたはあなたでなくなります」
憲法も同じです。
日本国憲法《にほんこくけんぽう》には、
「国民主権」（国のありかたをきめる権利は国民にある）
「基本的人権の尊重《そんちょう》」（人が生まれながらにもっている権利を大事にする）
「平和主義」（戦争をしない、争いごとは武器ではなく話し合いで解決する）
という、三つの大きな考え方があって、
それは私の歯のように、憲法の個性をつくっています。
いま、このうちのひとつが失われてしまえば、
日本の憲法は、また別なものになってしまいます。
この三つをかんたんに変えてはいけないということを
わかっていてください。

2 なぜ「きまり」がいるんだろう

子どもだけではなく、大人だって、ほとんどの人がけんかをするんじゃないかと思います。人に傷つけられたとき、うらぎられたときなど、けんかの原因はいろいろありますよね。

けんかはいけないってわかっていても、まあ、動物の本能として、しようがないってところもあります。

でも、ときには度をこして、殺し合うことだってある。

人間って、支え合ったり、愛し合ったりできるすばらしい生き物ですが、イヤな面もあるんですね。

私たちには、「基本的人権」というものがあります。

かんたんにいうと、みんな自由だということです。

しかし、自由しほうだいだと、どうなるでしょう?

ほかの人から殺されるかもしれない。それでは困ります。

だれもがびくびく、おびえて、暮らさなくてはならなくなります。

自由をのばなしにすると、私たちは逆に生きづらくなるわけです。

そこで平和な社会で生きられるようにするために、私たちは、殺す自由をたがいに法律にあずけているのです。

もう少しくわしくいいますと、

人は、もともと「生命」と「自由」をもっています。
人は、この生命と自由を使って働きます。
働いた結果、なんらかの所有物、つまり「財産」ができます。
この「自由」「生命」「財産」のことを
「その者だけがもつ資産」といって、
これはだれにも侵《おか》せない権利です。
しかし、そうはいっても、ひとりひとりは弱いですから、
「その者だけがもつ資産」を守るのはたいへんです。
そこで、「きまり」をつくっておたがいに守り合うのです。
こうして法律ができてくるわけですね。
いまの私たちは、それぞれが日本という国に
「自分だけがもつ資産」をあずけています。
ですから、だれかが私を殺そうとしたなら、
「自分だけがもつ資産」をあずかった
日本という国が、その相手を罰《ばっ》するのです。
もし、日本という国がそれをしてくれなかったら、
私は日本という国に、文句をいうことができます。
これを、「抵抗権《ていこうけん》」をもつ、といいます。
そういう大切なことも、憲法はきめているのです。

3　憲法にも種類がある？

憲法は大まかにつぎの三つに分類できます。
ひとつは「欽定憲法《きんていけんぽう》」。
王様が力をふるって勝手ほうだいしていると、
人民が、王様の横暴なふるまいは許せない、
もうがまんできないぞ、といって動きだす。
そうなる前に、王様のほうから、
「これから、この国をこういうふうにする」という憲法をつくって、
人民と、とりきめをします。
これが、王様が制定する欽定憲法です。
命令者は王様です。昔の日本でいうと天皇ですね。
明治時代の「大日本帝国憲法《だいにっぽんていこくけんぽう》」は欽定憲法でした。
この憲法には、住むところをきめる自由、職業を選ぶ自由、
自分の考えを発言できる自由など、さまざまな自由が書いてあります。
ただし、その上に必ず「法律の許す範囲《はんい》において」という言葉がつきます。
王様が「この範囲なら、こういうことをやってもいい」と、
条件をつけているのです。
だから、やっぱり王様が人民に命令を下しているといえます。

つぎに、人民の力がもっと強くなると、「協定憲法《きょうていけんぽう》」ができます。
これは王様と人民がいっしょになってつくるもの。
つまり、制定者は王様と人民です。
三番目は、「民定憲法《みんていけんぽう》」。
民定憲法では、国民のほうが、国の基本的なかたちをつくります。
国民が、「こういう国をつくるのだ」ときめて、
ときの権力者に発信するのです。
いまの日本国憲法《にほんこくけんぽう》は、民定憲法です。
民定憲法は、国民から政府への命令書ですから、
国や政府の好き勝手は、許されません。
国家が国民を無視して、暴走をはじめたら
弱者である国民に、それを止める力はありません。
そんなことにならないように、
憲法が、国家の暴走をくいとめているのです。
明治二十二（一八八九）年に発布《はっぷ》された「大日本帝国憲法」は、
国民が権力者の力をおさえるものではなく、
じっさいはその逆でした。
国民が権力者に命令するための憲法ができたのは、
それから五十七年後、昭和二十一（一九四六）年のことだったのです。

4 憲法前文を読んでみる

第二次世界大戦に負けて、昭和二十二（一九四七）年に新しい日本国憲法が施行《しこう》されたとき、当時の文部省は、「あたらしい憲法のはなし」という冊子をつくって、子どもたちに配りました。そのなかに、こんな一節があります。

いまやっと戦争はおわりました。
二度とこんなおそろしい、かなしい思いをしたくないと思いませんか。
こんな戦争をして、日本の国はどんな利益があったでしょうか。
何もありません。ただ、おそろしい、かなしいことが、
たくさんおこっただけではありませんか。
戦争は人間をほろぼすことです。世の中のよいものをこわすことです。
だから、こんどの戦争をしかけた国には、
大きな責任があるといわなければなりません。
このまえの世界戦争のあとでも、もう戦争は二度とやるまいと、
多くの国々ではいろいろ考えましたが、
またこんな大戦争をおこしてしまったのは、
まことに残念なことではありませんか。

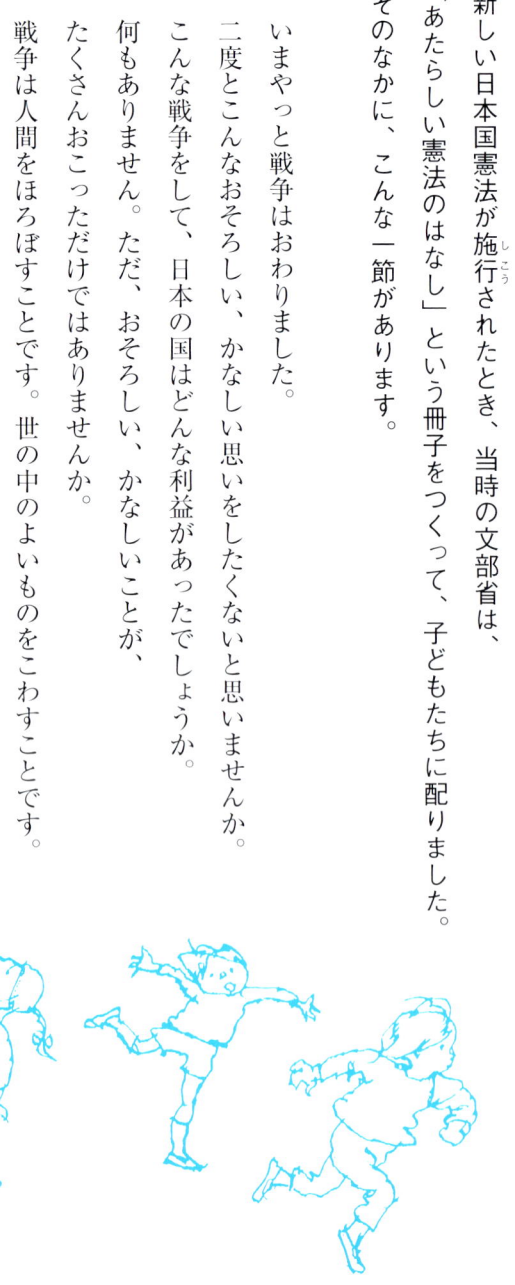

……そこで、今度こそ二度と戦争をしないように、
武器や軍隊をもたない、よその国と争いごとが起こっても
話し合いで解決しよう、ときめたんですね。
戦力を捨ててしまうのは、勇気のいることです。
でも、「あたらしい憲法のはなし」では、
「けっして心ぼそく思うことはありません。
日本は正しいことを、ほかの国よりさきに行ったのです。
世のなかに、正しいことぐらい強いものはありません」といっています。
ほんとうに固い決心のもとに、憲法がつくられたんですね。
この決心は、憲法の前文にも表されています。
前文は、憲法のいちばん最初に書かれていますが、
その内容は、憲法全体のまとめといってもいいでしょう。
ここでいちばん大切なことは、
「日本国民は」という主語ではじまっているところ。
文章の主語と述語が離《はな》れているので、
ちょっとわかりづらいですが、
「この憲法をつくったのは日本国民である」と、書いてある。
政府が国民に命令するのではなくて、
国民が政府に命令しているんですね。

じっさいの憲法前文を紹介しましょう。ぜひ、声に出して読んでみてください。格調高い、すばらしい文章だと、私は思います。

【日本国憲法 前文】

日本国民《にほんこくみん》は、正当《せいとう》に選挙《せんきょ》された国会《こっかい》における代表者《だいひょうしゃ》を通《つう》じて行動《こうどう》し、
われらとわれらの子孫《しそん》のために、諸国民《しょこくみん》との協和《きょうわ》による成果《せいか》と、
わが国全土《くにぜんど》にわたつて自由《じゆう》のもたらす恵沢《けいたく》を確保《かくほ》し、
政府《せいふ》の行為《こうい》によつて再《ふたた》び戦争《せんそう》の惨禍《さんか》が起《おこ》ることのないやうにすることを決意《けつい》し、
ここに主権《しゅけん》が国民《こくみん》に存《そん》することを宣言《せんげん》し、この憲法《けんぽう》を確定《かくてい》する。
そもそも国政《こくせい》は、国民《こくみん》の厳粛《げんしゅく》な信託《しんたく》によるものであつて、
その権威《けんい》は国民《こくみん》に由来《ゆらい》し、その権力《けんりょく》は国民《こくみん》の代表者《だいひょうしゃ》がこれを行使《こうし》し、
その福利《ふくり》は国民《こくみん》がこれを享受《きょうじゅ》する。
これは人類普遍《じんるいふへん》の原理《げんり》であり、
この憲法《けんぽう》は、かかる原理《げんり》に基《もと》くものである。
われらは、これに反《はん》する一切《いっさい》の憲法《けんぽう》、法令及《ほうれいおよ》び詔勅《しょうちょく》を排除《はいじょ》する。
日本国民《にほんこくみん》は、恒久《こうきゅう》の平和《へいわ》を念願《ねんがん》し、

人間相互《にんげんそうご》の関係《かんけい》を支配《しはい》する崇高《すうこう》な理想《りそう》を深《ふか》く自覚《じかく》するのであつて、
平和《へいわ》を愛《あい》する諸国民《しょこくみん》の公正《こうせい》と信義《しんぎ》に信頼《しんらい》して、
われらの安全《あんぜん》と生存《せいぞん》を保持《ほじ》しようと決意《けつい》した。

われらは、平和《へいわ》を維持《いじ》し、専制《せんせい》と隷従《れいじゅう》、
圧迫《あっぱく》と偏狭《へんきょう》を地上《ちじょう》から永遠《えいえん》に除去《じょきょ》しようと努《つと》めている国際社会《こくさいしゃかい》において、
名誉《めいよ》ある地位《ちい》を占《し》めたいと思《おも》ふ。

われらは、全世界《ぜんせかい》の国民《こくみん》が、ひとしく恐怖《きょうふ》と欠乏《けつぼう》から免《まぬ》かれ、
平和《へいわ》のうちに生存《せいぞん》する権利《けんり》を有《ゆう》することを確認《かくにん》する。

われらは、いづれの国家《こっか》も、自国《じこく》のことのみに専念《せんねん》して
他国《たこく》を無視《むし》してはならないのであつて、政治道徳《せいじどうとく》の法則《ほうそく》は、
普遍的《ふへんてき》なものであり、この法則《ほうそく》に従《したが》ふことは、自国《じこく》の主権《しゅけん》を維持《いじ》し、
他国《たこく》と対等関係《たいとうかんけい》に立《た》たうとする各国《かっこく》の責務《せきむ》であると信《しん》ずる。

日本国民《にほんこくみん》は、国家《こっか》の名誉《めいよ》にかけ、全力《ぜんりょく》をあげて
この崇高《すうこう》な理想《りそう》と目的《もくてき》を達成《たっせい》することを誓《ちか》ふ。

5 「象徴《しょうちょう》」ってなんだろう

ハトは平和の「象徴」であると、よくいわれます。
目にはみえない「平和」というものを、
形のある「ハト」を使っていい表しています。
では、「日本」「日本国民」というと、どんなものを思い浮かべますか？
日の丸の国旗や、君が代、桜、富士山、カメラ、車、
心やさしい国民性など、いろいろありますね。
憲法の第一～八条は、「天皇」についてのきめごとですが、
「日本」「日本国民」の象徴を、「天皇」としています。
つまり、日本国憲法では、日本という形のないものを、
具体的な形で表すと「天皇」ということになる、
といっているのです。
天皇のことが、憲法の条文のいちばん最初にあるのには、
理由があります。
それは過去の反省からです。
「大日本帝国憲法《だいにっぽんていこくけんぽう》」の時代には、
天皇は、神と一体化された「現人神《あらひとがみ》」、
生き神さまとして扱《あつか》われ、大きな力をもっていました。

天皇のまわりに、あらゆる力があつまっていたのです。
そして、それにつけこんだ指導者たちが、
「すべては天皇陛下《てんのうへいか》のためである」と
国民を悲惨《ひさん》な戦争へかりたてていったのです。
日本が敗戦国になったのはご存じのとおり。
日本が新しく出発するにあたりつくられた憲法では、
「天皇は人間だった」と宣言し、
天皇は日本の象徴としてだけ存在すると書いています。
それをわざわざ第一条で強調しているのは、
主権者は天皇ではなく、国民であることを強く打ち出すためです。
私は『人間合格』という芝居《しばい》のなかで、天皇の「人間」宣言を、
「あ、おれ、人間だったもね」
と津軽弁《つがるべん》で書きました。この場面はどっと受けました。
天皇が生き神さまだなんて、そんなふしぎなことを
当時の日本人は、なぜ信じていたのでしょうね。
ただ、現実にそのふしぎなことを信じて、
多くの人々が死んでいったのです。
そのことに思い当たると、笑いはたちまちのうちに
凍《こお》りついてしまうのですが。

6　第九条のこと

もう二度と戦争はしない、という第九条ができてから、
日本国家が国としてよその国の人を殺したり、
武器をつくってよその国に売ったりはしていません。
世界でもこんな国は、まれです。胸を張っていい。
戦争や、病気で苦しんでいる世界の人々を助けるために、
日本ができることは、武器や兵士を外国に送ることではないはず。
日本は力がある国ですから、その力を
世界の人たちの役に立つ方向に使えば、りっぱに生きていけます。
たとえば、防衛に使うお金を医学の研究に使って
がんに効く薬を発明するというように、
世界の苦しみや悩みを解決するためにお金を使う。
もっている力をそういう方面に向ければ、
「あの国は世界にとって大切な国だから、
あの国を絶対にこわしてはいけない」
と世界から思われるようになるでしょう。
それをするだけの力と良識が、
日本にある、ということを私は信じています。

人間には残虐《ざんぎゃく》な面があることはたしかですが、
言葉をもち、その言葉で気持ちや考え方を交換し合う能力があります。
むだな争いはやめて、なかよく生きることもできるはず。
ちかごろ、この第九条の中身が古いという人たちがいます。
「平和主義」という考え方は古いでしょうか。
問題が起こっても、戦争をせず、
話し合いを重ねて解決していく。
その考え方が古くなったとは、
私にはけっして思えません。
むしろ、このやり方はこれからの人類にとっての課題ですから、
第九条は、新しいものだといっていい。
日本は正しいことを、ほかの国より先に行《おこな》っているのです。
「平和主義」という考え方は、
人類にとっての理想的な未来を先取りしたものだといえます。
その考え方が戦争をふせぐ最良の方法だと
注目している人は、外国にもたくさんいます。
第九条は、世界の人々のあこがれでもあるわけですから、
なんとしても、その精神を
つらぬいていきたいものです。

7 「個人の尊重」ってなんだろう

みなさんは、ほかの人と意見が合わなかったり、
やりたいことを反対されたとき、どうしていますか？
自分の意志をつらぬきとおしますか？
みんなと同じでないと仲間はずれにされるから、
ほかの人に合わせておこうという人や、
目上の人には逆らえないと思って、なんでもいうとおりにする、
なんて人もいるかもしれませんね。
憲法には「民主主義」という、大事な柱があります。
「主義」というのは、ある考えをもとにした、
もののやりかたのことです。
「民主主義」とは、何かをきめるときに、
国家に命令されるのではなく、自分たちできめるということ。
民主主義では、より多くの人の考えることが優先されて、
その方向へ、みんなの思いが束《たば》ねられていきます。
みなさんも、話し合いでまとまらないときは、
多数決をとってきめることが多いでしょう。
でも、それで意見がきまったからといって、

みんな考え方が同じ、というわけではないですね。
憲法第一一～一三条や第九七条では、
国民ひとりひとりは大切にされます、といっています。
たとえ多数決の結果であっても、
ひとりひとりが、自分のためにいちばんいい生きかたをするのを
だれもじゃますることはできないのです。
これを「個人の尊重」といいます。
「個人の尊重とは、この世に生まれたひとりひとりが
自分であることを尊《とうと》んで、
自分が自分でなくなることをおそれること」
友人の憲法学者、樋口陽一《ひぐちよういち》さんがそう教えてくれました。
「個人」というのは、とりかえがききません。
かけがえのない自分という個人を、大切にしていきたいですね。
しかし、みんな好き勝手に、
やりたいほうだいしましょうと、すすめているわけではないですよ。
あくまでも、ほかの人たちの幸せをじゃましないかぎりで、です。
これはあたりまえのことですね。
ほかの人たちだって、ひとりひとりが
かけがえのない個人なんですから。

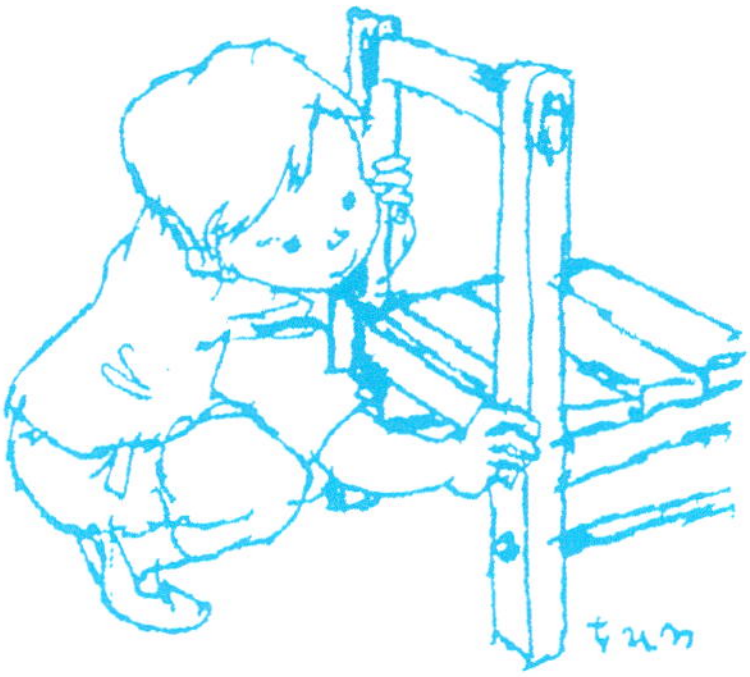

8 日本人であるということ

みなさんは、日本で生まれたから日本人、
というふうに、考えていませんか？
じつはそうではないのです。
外国人になる自由もあるし、
外国に住む自由もあります。
私のことをいいますと、
日本語で芝居《しばい》や小説を書く仕事をしていますから、
これはもう日本から離《はな》れられません。
日本人の心のやさしさも知っていますし、
歌舞伎《かぶき》や相撲《すもう》、和服などの日本文化も大好きです。
そしてなにより私は、寿司《すし》、しょうゆ、そば、
そういうものがないと生きていけません。
どこに住むかと問われれば、
やはり日本以外考えられません。
私には外国に住む自由もありますが、
堅《かた》い意志をもってこの国を選びました。
みなさんも、じつは日本を選んで住んでるんです。

憲法第二二条に、こう書かれています。
「ほかの人に迷惑《めいわく》がかからなければ
私たちはどんなところに住んでもいいし、
どんな仕事を選んでもいい。
また、親が日本人だから一生、
日本人でいなければならないということもない」
もともと「国家」というのは
人間がつくったものにすぎません。
国民みんなが「もう日本に住むのはイヤだ」といって
ほかの国に行ってしまえば、
たちまち日本はなくなってしまいます。
私たちひとりひとりが、
自分の意志で日本を選んでいるから、
日本という国があるのです。
最初に、憲法は「この国のかたち」だという話をしました。
私たちが、日本という国を選び、
日本人として生きることをきめたからには、
この憲法をなによりも大切にしなければなりません。
そういう覚悟《かくご》をもって、私はこれからもこの国で生きていきます。

9 私たちの使命

二十世紀は、戦争の世紀でもありました。
世界中をまきこんだ大きな戦争が二つもあり、
第二次世界大戦では、広島《ひろしま》と長崎《ながさき》に原子爆弾《げんしばくだん》という
核兵器《かくへいき》までもが落とされました。
たくさんの被爆者《ひばくしゃ》の方がたが、
いまでもその影響《えいきょう》で亡《な》くなっています。
広島と長崎に落ちた原爆《げんばく》は、
いまもなお、被爆者の方たちを苦しめているのです。

私は、原爆が投下されたときから、
私たち日本人は、世界の歴史のなかで
特別な使命を背負ったのだと思います。
将来、核戦争《かくせんそう》などの不幸が起こらないためには、
日本国憲法の考え方を大切にするしかない。
そしてそのことを人類に示す使命を負ったのです。
これはたいへんな使命です。
いま、世界にある核兵器はどれくらいだと思いますか？

約三万発といわれています。
そのなかの小さなほうの核兵器でも、
広島や長崎に落とされた原爆の
二十倍の威力《いりょく》があります。
それだけの爆発力《ばくはつりょく》のある核兵器といっしょに、
私たちはこの地球に生きているのです。
これはなんとかして、減らしていかなければいけません。
そうするためには、
「なにがあっても武力では解決しない」
「戦争はしない」
という日本国憲法の基本的な考えを
世界に伝えながら、前へ進んでいくしかありません。
日本国憲法は、人類の歴史からの
私たちへの贈《おく》り物《もの》であり、
しかも最高傑作《さいこうけっさく》だと私は信じています。
日本国憲法の力で、
世界中の問題を解決することができれば、
私たちは人類の歴史に、
まことに大きな贈り物をすることになるのではないでしょうか。

なにか大きな失敗をしでかしたあとは、ああ二度とあのような失敗をしないようにしようと思う。そこが人間のすばらしいところです。第二次世界大戦のあとの世界の人たちも、あんなにむごたらしく悲しい大戦争はもうするまいと思い、たとえば国際連合というような集まりを作りました。もう二度とあのような苦しみを、悲しみを味わうのはごめんだ、人間はもっと賢《かしこ》く生きられるはずじゃないのか。これがあの大戦争のあとの、世界の人たちの切ない想いであり、痛切な願いでした。この世界の人たちの想いや願いをひとつところに集めたものが、じつは日本国憲法です。

ちがう言い方をしますと、私たちの憲法はアメリカに押しつけられたものではない。そんな安っぽいものではなくて、そのころの世界の人たちの希望をすべて集めたものなのです。もちろんそのころの日本人の希望も入っている。日本の民間人が願っていたことも、日本国憲法のあちこちに取り入れられています。

けれども人間は忘れることの名人でもある。このへんは私たち人間のいたらないところですが、それはとにかく、このごろ「この憲法は古い」と言う人がふえてきました。そう主張する人は他方で、「明治の教育勅語《きょういくちょくご》はすばらしい」と言ったりしますから、なにがなんだかわからない。古いというなら、日本国憲法よ

り、教育勅語のほうがよっぽど古いではありませんか。

いったい、もめごとがあっても武力でではなく話し合いで解決しようという考え方のどこが古いのでしょうか。このせまい小さな水惑星の上で、むやみやたらに火薬を爆発させていたら、しまいには人間が住めなくなる。だから戦などしている余裕《よゆう》はない。なんとかしてすべてを話し合いで……! たいていの人がそう願っています。そうなると、私たちの憲法は古いどころか、世界の人たちの願いを先取りしていることになります。じっさいに、「二一世紀の半ばまでに、すべての国の憲法に日本国憲法の前文と第九条を取り入れよう」と唱えて、勢いよく活動している国際的な集まりさえあります。

この六〇年にわたって、私たちは目先のことに惑わされて、いろんなものを簡単に捨ててきました。日本にあるものはたいていつまらないものばかりだから捨ててしまってもかまわないという考え方は、日本にあるものはすべて尊いとする考え方と同じように、まちがいだと私は思います。捨ててよいものもあれば捨ててはいけないものもあって、後者の代表が日本国憲法ではないでしょうか。これを捨てることは、世界の人たちから、希望をうばうことになりますから。

井上ひさし

日本国憲法（全文）

朕は、日本国民の総意に基いて、新日本建設の礎が、定まるに至つたことを、深くよろこび、枢密顧問の諮詢及び帝国憲法第七十三条による帝国議会の議決を経た帝国憲法の改正を裁可し、ここにこれを公布せしめる。

昭和二十一（一九四六）年公布
昭和二十二（一九四七）年施行

御名御璽

昭和二十一年十一月三日

内閣総理大臣兼
外務大臣　吉田　茂
国務大臣　男爵　幣原　喜重郎
司法大臣　木村　篤太郎
内務大臣　大村　清一
文部大臣　田中　耕太郎
農林大臣　和田　博雄
国務大臣　斎藤　隆夫
逓信大臣　一松　定吉
商工大臣　星島　二郎
厚生大臣　河合　良成
国務大臣　植原　悦二郎
運輸大臣　平塚　常次郎
大蔵大臣　石橋　湛山
国務大臣　金森　徳次郎
国務大臣　膳　桂之助

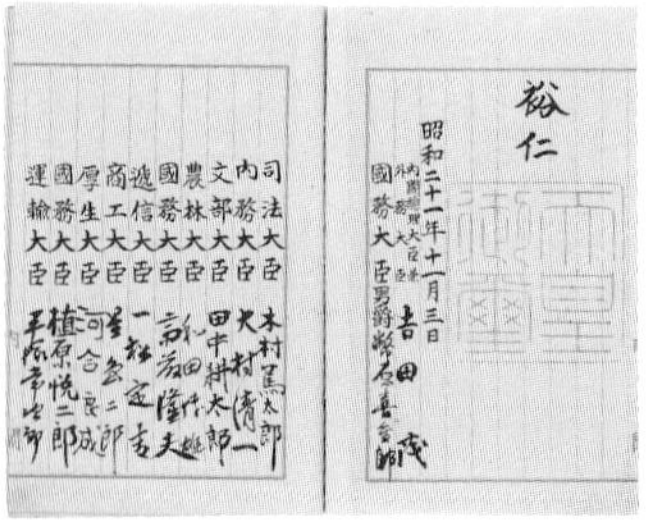

国立公文書館に保管されている日本国憲法の原本。
日本国憲法の制定は、
大日本帝国憲法の改正手続きに従って行われました。
公布書には、天皇の署名と、それに添えて
第一次吉田茂内閣の各大臣の署名があります。

第一章　天皇

第一条【天皇の地位・国民主権】
天皇は、日本国の象徴であり日本国民統合の象徴であつて、この地位は、主権の存する日本国民の総意に基く。

第二条【皇位の継承】
皇位は、世襲のものであつて、国会の議決した皇室典範の定めるところにより、これを継承する。

第三条【天皇の国事行為に対する内閣の助言と承認】
天皇の国事に関するすべての行為には、内閣の助言と承認を必要とし、内閣が、その責任を負ふ。

第四条【天皇の権能の限界、天皇の国事行為の委任】
1　天皇は、この憲法の定める国事に関する行為のみを行ひ、国政に関する権能を有しない。
2　天皇は、法律の定めるところにより、その国事に関する行為を委任することができる。

第五条【摂政】
皇室典範の定めるところにより摂政を置くときは、摂政は、天皇の名でその国事に関する行為を行ふ。この場合には、前条第一項の規定を準用する。

第六条【天皇の任命権】
1　天皇は、国会の指名に基いて、内閣総理大臣を任命する。
2　天皇は、内閣の指名に基いて、最高裁判所の長たる裁判官を任命する。

第七条【天皇の国事行為】
天皇は、内閣の助言と承認により、国民のために、左の国事に関する行為を行ふ。
一　憲法改正、法律、政令及び条約を公布すること。
二　国会を召集すること。
三　衆議院を解散すること。
四　国会議員の総選挙の施行を公示すること。
五　国務大臣及び法律の定めるその他の官吏の任免並びに全権委任状及び大使及び公使の信任状を認証すること。
六　大赦、特赦、減刑、刑の執行の免除及び復権を認証すること。
七　栄典を授与すること。
八　批准書及び法律の定めるその他の外交文書を認証すること。
九　外国の大使及び公使を接受すること。

十　儀式を行ふこと。

第八条【皇室の財産授受】

皇室に財産を譲り渡し、又は皇室が、財産を譲り受け、若しくは賜与することは、国会の議決に基かなければならない。

第二章　戦争の放棄

第九条【戦争の放棄、戦力及び交戦権の否認】

1　日本国民は、正義と秩序を基調とする国際平和を誠実に希求し、国権の発動たる戦争と、武力による威嚇又は武力の行使は、国際紛争を解決する手段としては、永久にこれを放棄する。

2　前項の目的を達するため、陸海空軍その他の戦力は、これを保持しない。国の交戦権は、これを認めない。

第三章　国民の権利及び義務

第一〇条【国民の要件】

日本国民たる要件は、法律でこれを定める。

第一一条【基本的人権の享有】

国民は、すべての基本的人権の享有を妨げられない。この憲法が国民に保障する基本的人権は、侵すことのできない永久の権利として、現在及び将来の国民に与へられる。

第一二条【自由・権利の保持の責任とその濫用の禁止】

この憲法が国民に保障する自由及び権利は、国民の不断の努力によつて、これを保持しなければならない。又、国民は、これを濫用してはならないのであつて、常に公共の福祉のためにこれを利用する責任を負ふ。

第一三条【個人の尊重・幸福追求権・公共の福祉】

すべて国民は、個人として尊重される。生命、自由及び幸福追求に対する国民の権利については、公共の福祉に反しない限り、立法その他の国政の上で、最大の尊重を必要とする。

第一四条【法の下の平等、貴族の禁止、栄典】

1　すべて国民は、法の下に平等であつて、人種、信条、性別、社会的身分又は門地により、政治的、経済的又は社会的関係において、差別されない。

2　華族その他の貴族の制度は、これを認めない。

3　栄誉、勲章その他の栄典の授与は、いかなる特権も伴はない。栄典の授与は、現にこれを有し、又は将来これを受ける者の一代に限り、その効力を有する。

第一五条【公務員選定罷免権、公務員の本質、普通選挙の保障、秘密投票の保障】

1 公務員を選定し、及びこれを罷免することは、国民固有の権利である。

2 すべて公務員は、全体の奉仕者であつて、一部の奉仕者ではない。

3 公務員の選挙については、成年者による普通選挙を保障する。

4 すべて選挙における投票の秘密は、これを侵してはならない。選挙人は、その選択に関し公的にも私的にも責任を問はれない。

第一六条【請願権】

何人も、損害の救済、公務員の罷免、法律、命令又は規則の制定、廃止又は改正その他の事項に関し、平穏に請願する権利を有し、何人も、かかる請願をしたためにいかなる差別待遇も受けない。

第一七条【国及び公共団体の賠償責任】

何人も、公務員の不法行為により、損害を受けたときは、法律の定めるところにより、国又は公共団体に、その賠償を求めることができる。

第一八条【奴隷的拘束及び苦役からの自由】

何人も、いかなる奴隷的拘束も受けない。又、犯罪に因る処罰の場合を除いては、その意に反する苦役に服させられない。

第一九条【思想及び良心の自由】

思想及び良心の自由は、これを侵してはならない。

第二〇条【信教の自由】

1 信教の自由は、何人に対してもこれを保障する。いかなる宗教団体も、国から特権を受け、又は政治上の権力を行使してはならない。

2 何人も、宗教上の行為、祝典、儀式又は行事に参加することを強制されない。

3 国及びその機関は、宗教教育その他いかなる宗教的活動もしてはならない。

第二一条【集会・結社・表現の自由、通信の秘密】

1 集会、結社及び言論、出版その他一切の表現の自由は、これを保障する。

2 検閲は、これをしてはならない。通信の秘密は、これを侵してはならない。

第二二条【居住・移転及び職業選択の自由、外国移住及び国籍離脱の自由】

1　何人も、公共の福祉に反しない限り、居住、移転及び職業選択の自由を有する。
2　何人も、外国に移住し、又は国籍を離脱する自由を侵されない。

第二三条【学問の自由】
学問の自由は、これを保障する。

第二四条【家族生活における個人の尊厳と両性の平等】
1　婚姻は、両性の合意のみに基いて成立し、夫婦が同等の権利を有することを基本として、相互の協力により、維持されなければならない。
2　配偶者の選択、財産権、相続、住居の選定、離婚並びに婚姻及び家族に関するその他の事項に関しては、法律は、個人の尊厳と両性の本質的平等に立脚して、制定されなければならない。

第二五条【生存権、国の社会的使命】
1　すべて国民は、健康で文化的な最低限度の生活を営む権利を有する。
2　国は、すべての生活部面について、社会福祉、社会保障及び公衆衛生の向上及び増進に努めなければならない。

第二六条【教育を受ける権利、教育の義務】
1　すべて国民は、法律の定めるところにより、その能力に応じて、ひとしく教育を受ける権利を有する。
2　すべて国民は、法律の定めるところにより、その保護する子女に普通教育を受けさせる義務を負ふ。義務教育は、これを無償とする。

第二七条【勤労の権利及び義務、勤労条件の基準、児童酷使の禁止】
1　すべて国民は、勤労の権利を有し、義務を負ふ。
2　賃金、就業時間、休息その他の勤労条件に関する基準は、法律でこれを定める。
3　児童は、これを酷使してはならない。

第二八条【勤労者の団結権】
勤労者の団結する権利及び団体交渉その他の団体行動をする権利は、これを保障する。

第二九条【財産権】
1　財産権は、これを侵してはならない。
2　財産権の内容は、公共の福祉に適合するやうに、法律でこれを定める。
3　私有財産は、正当な補償の下に、これを公共のために用ひることができる。

第三〇条【納税の義務】
国民は、法律の定めるところにより、納税の義務を負ふ。

第三一条【法定の手続の保障】
何人も、法律の定める手続によらなければ、その生命若しくは自由を奪はれ、又はその他の刑罰を科せられない。

第三二条【裁判を受ける権利】
何人も、裁判所において裁判を受ける権利を奪はれない。

第三三条【逮捕の要件】
何人も、現行犯として逮捕される場合を除いては、権限を有する司法官憲が発し、且つ理由となつてゐる犯罪を明示する令状によらなければ、逮捕されない。

第三四条【抑留・拘禁の要件、不法拘禁に対する保障】
何人も、理由を直ちに告げられ、且つ、直ちに弁護人に依頼する権利を与へられなければ、抑留又は拘禁されない。又、何人も、正当な理由がなければ、拘禁されず、要求があれば、その理由は、直ちに本人及びその弁護人の出席する公開の法廷で示されなければならない。

第三五条【住居の不可侵】
1　何人も、その住居、書類及び所持品について、侵入、捜索及び押収を受けることのない権利は、第三十三条の場合を除いては、正当な理由に基いて発せられ、且つ捜索する場所及び押収する物を明示する令状がなければ、侵されない。
2　捜索又は押収は、権限を有する司法官憲が発する各別の令状により、これを行ふ。

第三六条【拷問及び残虐刑の禁止】
公務員による拷問及び残虐な刑罰は、絶対にこれを禁ずる。

第三七条【刑事被告人の権利】
1　すべて刑事事件においては、被告人は、公平な裁判所の迅速な公開裁判を受ける権利を有する。
2　刑事被告人は、すべての証人に対して審問する機会を充分に与へられ、又、公費で自己のために強制的手続により証人を求める権利を有する。
3　刑事被告人は、いかなる場合にも、資格を有する弁護人を依頼することができる。被告人が自らこれを依頼することができないときは、国でこれを附する。

第三八条【自己に不利益な供述、自白の証拠能力】

1　何人も、自己に不利益な供述を強要されない。

2　強制、拷問若しくは脅迫による自白又は不当に長く抑留若しくは拘禁された後の自白は、これを証拠とすることができない。

3　何人も、自己に不利益な唯一の証拠が本人の自白である場合には、有罪とされ、又は刑罰を科せられない。

第三九条【遡及処罰の禁止、一事不再理】

何人も、実行の時に適法であつた行為又は既に無罪とされた行為については、刑事上の責任を問はれない。又、同一の犯罪について、重ねて刑事上の責任を問はれない。

第四〇条【刑事補償】

何人も、抑留又は拘禁された後、無罪の裁判を受けたときは、法律の定めるところにより、国にその補償を求めることができる。

第四章　国会

第四一条【国会の地位・立法権】

国会は、国権の最高機関であつて、国の唯一の立法機関である。

第四二条【両院制】

国会は、衆議院及び参議院の両議院でこれを構成する。

第四三条【両議院の組織・代表】

1　両議院は、全国民を代表する選挙された議員でこれを組織する。

2　両議院の議員の定数は、法律でこれを定める。

第四四条【議員及び選挙人の資格】

両議院の議員及びその選挙人の資格は、法律でこれを定める。但し、人種、信条、性別、社会的身分、門地、教育、財産又は収入によつて差別してはならない。

第四五条【衆議院議員の任期】

衆議院議員の任期は、四年とする。但し、衆議院解散の場合には、その期間満了前に終了する。

第四六条【参議院議員の任期】

参議院議員の任期は、六年とし、三年ごとに議員の半数を改選する。

第四七条【選挙に関する事項】

選挙区、投票の方法その他両議院の議員の選挙に関する事項は、法律でこれを定める。

第四八条【両議院議員兼職の禁止】
何人も、同時に両議院の議員たることはできない。

第四九条【議員の歳費】
両議院の議員は、法律の定めるところにより、国庫から相当額の歳費を受ける。

第五〇条【議員の不逮捕特権】
両議院の議員は、法律の定める場合を除いては、国会の会期中逮捕されず、会期前に逮捕された議員は、その議院の要求があれば、会期中これを釈放しなければならない。

第五一条【議員の発言・表決の無責任】
両議院の議員は、議院で行つた演説、討論又は表決について、院外で責任を問はれない。

第五二条【常会】
国会の常会は、毎年一回これを召集する。

第五三条【臨時会】
内閣は、国会の臨時会の召集を決定することができる。いづれかの議院の総議員の四分の一以上の要求があれば、内閣は、その召集を決定しなければならない。

第五四条【衆議院の解散・特別会、参議院の緊急集会】
1　衆議院が解散されたときは、解散の日から四十日以内に、衆議院議員の総選挙を行ひ、その選挙の日から三十日以内に、国会を召集しなければならない。
2　衆議院が解散されたときは、参議院は、同時に閉会となる。但し、内閣は、国に緊急の必要があるときは、参議院の緊急集会を求めることができる。
3　前項但書の緊急集会において採られた措置は、臨時のものであつて、次の国会開会の後十日以内に、衆議院の同意がない場合には、その効力を失ふ。

第五五条【資格争訟の裁判】
両議院は、各〻その議員の資格に関する争訟を裁判する。但し、議員の議席を失はせるには、出席議員の三分の二以上の多数による議決を必要とする。

第五六条【定足数、表決】
1　両議院は、各〻その総議員の三分の一以上の出席がなければ、議事を開き議決することができない。
2　両議院の議事は、この憲法に特別の定のある場合を除いては、出席議員の過半数でこれを決し、可否同数のときは、議長の決するところによる。

第五七条【会議の公開、会議録、表決の記載】

1　両議院の会議は、公開とする。但し、出席議員の三分の二以上の多数で議決したときは、秘密会を開くことができる。

2　両議院は、各〻その会議の記録を保存し、秘密会の記録の中で特に秘密を要すると認められるもの以外は、これを公表し、且つ一般に頒布しなければならない。

3　出席議員の五分の一以上の要求があれば、各議員の表決は、これを会議録に記載しなければならない。

第五八条【役員の選任、議院規則・懲罰】

1　両議院は、各〻その議長その他の役員を選任する。

2　両議院は、各〻その会議その他の手続及び内部の規律に関する規則を定め、又、院内の秩序をみだした議員を懲罰することができる。但し、議員を除名するには、出席議員の三分の二以上の多数による議決を必要とする。

第五九条【法律案の議決、衆議院の優越】

1　法律案は、この憲法に特別の定のある場合を除いては、両議院で可決したとき法律となる。

2　衆議院で可決し、参議院でこれと異なつた議決をした法律案は、衆議院で出席議員の三分の二以上の多数で再び可決したときは、法律となる。

3　前項の規定は、法律の定めるところにより、衆議院が、両議院の協議会を開くことを求めることを妨げない。

4　参議院が、衆議院の可決した法律案を受け取つた後、国会休会中の期間を除いて六十日以内に、議決しないときは、衆議院は、参議院がその法律案を否決したものとみなすことができる。

第六〇条【衆議院の予算先議、予算議決に関する衆議院の優越】

1　予算は、さきに衆議院に提出しなければならない。

2　予算について、参議院で衆議院と異なつた議決をした場合に、法律の定めるところにより、両議院の協議会を開いても意見が一致しないとき、又は参議院が、衆議院の可決した予算を受け取つた後、国会休会中の期間を除いて三十日以内に、議決しないときは、衆議院の議決を国会の議決とする。

第六一条【条約の承認に関する衆議院の優越】

条約の締結に必要な国会の承認については、前条第二項の規定を準用する。

第六二条【議院の国政調査権】
両議院は、各〻国政に関する調査を行ひ、これに関して、証人の出頭及び証言並びに記録の提出を要求することができる。

第六三条【閣僚の議院出席の権利と義務】
内閣総理大臣その他の国務大臣は、両議院の一に議席を有すると有しないとにかかはらず、何時でも議案について発言するため議院に出席することができる。又、答弁又は説明のため出席を求められたときは、出席しなければならない。

第六四条【弾劾裁判所】
1　国会は、罷免の訴追を受けた裁判官を裁判するため、両議院の議員で組織する弾劾裁判所を設ける。
2　弾劾に関する事項は、法律でこれを定める。

第五章　内閣

第六五条【行政権】
行政権は、内閣に属する。

第六六条【内閣の組織、国会に対する連帯責任】
1　内閣は、法律の定めるところにより、その首長たる内閣総理大臣及びその他の国務大臣でこれを組織する。
2　内閣総理大臣その他の国務大臣は、文民でなければならない。
3　内閣は、行政権の行使について、国会に対し連帯して責任を負ふ。

第六七条【内閣総理大臣の指名、衆議院の優越】
1　内閣総理大臣は、国会議員の中から国会の議決で、これを指名する。この指名は、他のすべての案件に先だつて、これを行ふ。
2　衆議院と参議院とが異なつた指名の議決をした場合に、法律の定めるところにより、両議院の協議会を開いても意見が一致しないとき、又は衆議院が指名の議決をした後、国会休会中の期間を除いて十日以内に、参議院が、指名の議決をしないときは、衆議院の議決を国会の議決とする。

第六八条【国務大臣の任命及び罷免】
1　内閣総理大臣は、国務大臣を任命する。但し、その過半数は、国会議員の中から選ばれなければならない。
2　内閣総理大臣は、任意に国務大臣を罷免することができる。

第六九条【内閣不信任決議の効果】
内閣は、衆議院で不信任の決議案を可決し、又は信任の決議案を否決したときは、十日以内に衆議院が解散されない限り、総辞職をしなければならない。

第七〇条【内閣総理大臣の欠缺《けんけつ》・新国会の召集と内閣の総辞職】
内閣総理大臣が欠けたとき、又は衆議院議員総選挙の後に初めて国会の召集があつたときは、内閣は、総辞職をしなければならない。

第七一条【総辞職後の内閣】
前二条の場合には、内閣は、あらたに内閣総理大臣が任命されるまで引き続きその職務を行ふ。

第七二条【内閣総理大臣の職務】
内閣総理大臣は、内閣を代表して議案を国会に提出し、一般国務及び外交関係について国会に報告し、並びに行政各部を指揮監督する。

第七三条【内閣の職務】
内閣は、他の一般行政事務の外、左の事務を行ふ。
一　法律を誠実に執行し、国務を総理すること。
二　外交関係を処理すること。
三　条約を締結すること。但し、事前に、時宜によつては事後に、国会の承認を経ることを必要とする。
四　法律の定める基準に従ひ、官吏に関する事務を掌理すること。
五　予算を作成して国会に提出すること。
六　この憲法及び法律の規定を実施するために、政令を制定すること。但し、政令には、特にその法律の委任がある場合を除いては、罰則を設けることができない。
七　大赦、特赦、減刑、刑の執行の免除及び復権を決定すること。

第七四条【法律・政令の署名】
法律及び政令には、すべて主任の国務大臣が署名し、内閣総理大臣が連署することを必要とする。

第七五条【国務大臣の特典】
国務大臣は、その在任中、内閣総理大臣の同意がなければ、訴追されない。但し、これがため、訴追の権利は、害されない。

第六章　司法

第七六条【司法権・裁判所、特別裁判所の禁止、裁判官の独立】

1　すべて司法権は、最高裁判所及び法律の定めるところにより設置する下級裁判所に属する。

2　特別裁判所は、これを設置することができない。行政機関は、終審として裁判を行ふことができない。

3　すべて裁判官は、その良心に従ひ独立してその職権を行ひ、この憲法及び法律にのみ拘束される。

第七七条【最高裁判所の規則制定権】

1　最高裁判所は、訴訟に関する手続、弁護士、裁判所の内部規律及び司法事務処理に関する事項について、規則を定める権限を有する。

2　検察官は、最高裁判所の定める規則に従はなければならない。

3　最高裁判所は、下級裁判所に関する規則を定める権限を、下級裁判所に委任することができる。

第七八条【裁判官の身分の保障】

裁判官は、裁判により、心身の故障のために職務を執ることができないと決定された場合を除いては、公の弾劾によらなければ罷免されない。裁判官の懲戒処分は、行政機関がこれを行ふことはできない。

第七九条【最高裁判所の裁判官、国民審査、定年、報酬】

1　最高裁判所は、その長たる裁判官及び法律の定める員数のその他の裁判官でこれを構成し、その長たる裁判官以外の裁判官は、内閣でこれを任命する。

2　最高裁判所の裁判官の任命は、その任命後初めて行はれる衆議院議員総選挙の際国民の審査に付し、その後十年を経過した後初めて行はれる衆議院議員総選挙の際更に審査に付し、その後も同様とする。

3　前項の場合において、投票者の多数が裁判官の罷免を可とするときは、その裁判官は、罷免される。

4　審査に関する事項は、法律でこれを定める。

5　最高裁判所の裁判官は、法律の定める年齢に達した時に退官する。

6　最高裁判所の裁判官は、すべて定期に相当額の報酬を受ける。この報酬は、在任中、これを減額することができない。

第八〇条【下級裁判所の裁判官・任期・定年、報酬】

1　下級裁判所の裁判官は、最高裁判所の指名した者の名簿によつて、内閣でこれを任命する。その裁判官は、任期を十年とし、再任されることができる。但し、法律の定める年齢に達した時には退官する。

2　下級裁判所の裁判官は、すべて定期に相当額の報酬を受ける。この報酬は、在任中、これを減額することができない。

第八一条【法令審査権と最高裁判所】
最高裁判所は、一切の法律、命令、規則又は処分が憲法に適合するかしないかを決定する権限を有する終審裁判所である。

第八二条【裁判の公開】
1　裁判の対審及び判決は、公開法廷でこれを行ふ。
2　裁判所が、裁判官の全員一致で、公の秩序又は善良の風俗を害する虞があると決した場合には、対審は、公開しないでこれを行ふことができる。但し、政治犯罪、出版に関する犯罪又はこの憲法第三章で保障する国民の権利が問題となつてゐる事件の対審は、常にこれを公開しなければならない。

第七章　財政

第八三条【財政処理の基本原則】
国の財政を処理する権限は、国会の議決に基いて、これを行使しなければならない。

第八四条【課税】
あらたに租税を課し、又は現行の租税を変更するには、法律又は法律の定める条件によることを必要とする。

第八五条【国費の支出及び国の債務負担】
国費を支出し、又は国が債務を負担するには、国会の議決に基くことを必要とする。

第八六条【予算】
内閣は、毎会計年度の予算を作成し、国会に提出して、その審議を受け議決を経なければならない。

第八七条【予備費】
1　予見し難い予算の不足に充てるため、国会の議決に基いて予備費を設け、内閣の責任でこれを支出することができる。
2　すべて予備費の支出については、内閣は、事後に国会の承諾を得なければならない。

第八八条【皇室財産・皇室の費用】
すべて皇室財産は、国に属する。すべて皇室の費用は、予算に計上して国会の議決を経なければならない。

第八九条【公の財産の支出又は利用の制限】
公金その他の公の財産は、宗教上の組織若しくは団体の使用、便益若しくは維持のため、又は公の支配に属しない慈善、教育若しくは博愛の事業に対し、これを支出し、又はその利用に供してはならない。

第九〇条【決算検査、会計検査院】

1　国の収入支出の決算は、すべて毎年会計検査院がこれを検査し、内閣は、次の年度に、その検査報告とともに、これを国会に提出しなければならない。

2　会計検査院の組織及び権限は、法律でこれを定める。

第九一条【財政状況の報告】

内閣は、国会及び国民に対し、定期に、少くとも毎年一回、国の財政状況について報告しなければならない。

第八章　地方自治

第九二条【地方自治の基本原則】

地方公共団体の組織及び運営に関する事項は、地方自治の本旨に基いて、法律でこれを定める。

第九三条【地方公共団体の機関、その直接選挙】

1　地方公共団体には、法律の定めるところにより、その議事機関として議会を設置する。

2　地方公共団体の長、その議会の議員及び法律の定めるその他の吏員は、その地方公共団体の住民が、直接これを選挙する。

第九四条【地方公共団体の権能】

地方公共団体は、その財産を管理し、事務を処理し、及び行政を執行する権能を有し、法律の範囲内で条例を制定することができる。

第九五条【特別法の住民投票】

一の地方公共団体のみに適用される特別法は、法律の定めるところにより、その地方公共団体の住民の投票においてその過半数の同意を得なければ、国会は、これを制定することができない。

第九章　改正

第九六条【改正の手続、その公布】

1　この憲法の改正は、各議院の総議員の三分の二以上の賛成で、国会が、これを発議し、国民に提案してその承認を経なければならない。この承認には、特別の国民投票又は国会の定める選挙の際行はれる投票において、その過半数の賛成を必要とする。

2　憲法改正について前項の承認を経たときは、天皇は、国民の名で、この憲法と一体を成すものとして、直ちにこれを公布する。

第十章　最高法規

第九七条【基本的人権の本質】

この憲法が日本国民に保障する基本的人権は、人類の多年にわたる自由獲得の努力の成果であつて、これらの権利は、過去幾多の試錬に堪へ、現在及び将来の国民に対し、侵すことのできない永久の権利として信託されたものである。

第九八条【最高法規、条約及び国際法規の遵守】

1 この憲法は、国の最高法規であつて、その条規に反する法律、命令、詔勅及び国務に関するその他の行為の全部又は一部は、その効力を有しない。

2 日本国が締結した条約及び確立された国際法規は、これを誠実に遵守することを必要とする。

第九九条【憲法尊重擁護の義務】

天皇又は摂政及び国務大臣、国会議員、裁判官その他の公務員は、この憲法を尊重し擁護する義務を負ふ。

第十一章　補則

第一〇〇条【憲法施行期日、準備手続】

1 この憲法は、公布の日から起算して六箇月を経過した日（昭和二二・五・三）から、これを施行する。

2 この憲法を施行するために必要な法律の制定、参議院議員の選挙及び国会召集の手続並びにこの憲法を施行するために必要な準備手続は、前項の期日よりも前に、これを行ふことができる。

第一〇一条【経過規定─参議院未成立の間の国会】

この憲法施行の際、参議院がまだ成立してゐないときは、その成立するまでの間、衆議院は、国会としての権限を行ふ。

第一〇二条【同前─第一期の参議院議員の任期】

この憲法による第一期の参議院議員のうち、その半数の者の任期は、これを三年とする。その議員は、法律の定めるところにより、これを定める。

第一〇三条【同前─公務員の地位】

この憲法施行の際現に在職する国務大臣、衆議院議員及び裁判官並びにその他の公務員で、その地位に相応する地位がこの憲法で認められてゐる者は、法律で特別の定をした場合を除いては、この憲法施行のため、当然にはその地位を失ふことはない。但し、この憲法によつて、後任者が選挙又は任命されたときは、当然その地位を失ふ。

●主要参考文献

『もういちど憲法を読む』樋口陽一（岩波書店）
『「普通の国」を超える憲法と「普通の国」すら断念する改憲論』樋口陽一（かもがわブックレット）
『憲法と国家』樋口陽一（岩波新書）
『比較のなかの日本国憲法』樋口陽一（岩波新書）
『日本の憲法』長谷川正安（岩波新書）
『憲法とは何か』長谷部恭男（岩波新書）
『人権宣言集』高木八尺・末延三次・宮沢俊義編（岩波文庫）
『日本憲法史』大石眞（有斐閣）
『天皇と憲法　憲法一〇〇年、天皇はどう位置づけられてきたか』NHK取材班編（角川書店）
『ダグラス・マッカーサー　アジアの歴史を変えた男』福川粛（メディア・ファクトリー）
『明治の憲法』江村栄一（岩波ブックレット）
『「日本国憲法」を読み直す』井上ひさし・樋口陽一（講談社）
『この国のかたち』司馬遼太郎（文藝春秋）
『キーワード日本の戦争犯罪』小田部雄次・林博史・山田朗（雄山閣）
『20世紀全記録（クロニック）』（講談社）
『田中正造ノート』日向康（田畑書店）
『ヒロシマ読本』小堺吉光（広島平和文化センター）
『年表 ヒロシマ〜核時代50年の記録〜』（中国新聞社）

そのほかにもたくさんの資料や著書のお世話になりました。
心からお礼を申し上げます。井上ひさし

●いわさきちひろ収録画タイトル一覧

カバー……おほしさま　1972年　絵本『ゆきのひのたんじょうび』（裏表紙は上下逆）
P4-5……夕暮れのなかの少女　1972年　絵本『ゆきのひのたんじょうび』
P6……菜の花と白い蝶（一部色補整）　1969年
P9……蝶と花　1969年　絵本『ふたりのぶとうかい』
P11……走る子どもたち　1969年
P12-13……蝶の舞う野原　1968年（背景処理）
P14-15……お山の大将　1968年（部分）
P16-17……絵本『青い鳥』より（部分）　1968年
P19……チョウチョホテルとくつ下　1966年（部分）
P20-21……「にじ」　1969年
P23……羽ばたく小鳥　1971年　絵本『ことりのくるひ』
P25……買い物かごを持つ少女　1969年
P26-27……赤い背景のスイートピーとマーガレット　1969年　絵本『ふたりのぶとうかい』
P28……赤い小鳥　1968年
P29……花　1969年
P30-31……海辺の小鳥　1972年
P32……「そらにはきらきらおほしさま」　1956年（部分）

いのうえひさし

1934年山形県に生まれる。上智大学外国語学部フランス語科卒業。作家、劇作家。主な著書に『ブンとフン』(朝日ソノラマ社)、『四千万歩の男』『ふふふ』(ともに講談社)など。NHKテレビの人形劇「ひょっこりひょうたん島」の作者でもある。2010年没。絵本『「けんぽう」のおはなし』(井上ひさし／原案　武田美穂／絵　講談社)にも、憲法への思いがまとめられている。

いわさきちひろ

1918年、福井県に生まれ、東京で育つ。東京府立第六高等女学校卒業。子どもを生涯のテーマとして描く。1974年、55歳で没。代表作に『おふろでちゃぷちゃぷ』(童心社)、『ことりのくるひ』(至光社)、『戦火のなかの子どもたち』(岩崎書店)、画集に『ちひろBOX』(講談社)など。1977年、ちひろ美術館・東京開館。1997年、安曇野ちひろ美術館開館。

※本書は、2005年11月～2006年4月に朝日小学生新聞紙上で連載された「私たちの国の平和憲法、知ってる？」をもとに構成しています。

井上《いのうえ》ひさしの
子《こ》どもにつたえる日本国憲法《にほんこくけんぽう》

発行日　2006年7月20日　第1刷発行
　　　　2024年12月5日　第28刷発行
文　井上《いのうえ》ひさし
絵　いわさきちひろ
発行者　安永尚人
発行所　株式会社講談社
〒112-8001 東京都文京区音羽2-12-21
電話　編集 03-5395-3534
　　　販売 03-5395-3625
　　　業務 03-5395-3615
KODANSHA
AD　山口至剛
デザイン　山口至剛デザイン室(坂井正規)
編集協力　五十嵐千恵子
印刷所　NISSHA株式会社
製本所　大口製本印刷株式会社

ISBN4-06-213510-8　N.D.C.720　72p　20cm